楽しい調べ学習シリーズ

よくわかる修学旅行ガイド 奈良

世界遺産と国宝をめぐる

PHP研究所 [編]

PHP

●●●もくじ

よくわかる修学旅行ガイド **奈良**

- さっとおさらい！ 奈良の地理と風土 …… 4
- さっとおさらい！ 奈良の歴史と人物 …… 6
- 本書の使い方 …………………………… 8

- 季節ごとの奈良の楽しみ方 …………… 58
- 奈良の交通 ……………………………… 60
- 参拝（さんぱい）のマナー ……………………………… 61
- さくいん ………………………………… 62

PART 1　奈良の見どころをとことん見る

- **東大寺**（とうだいじ） ………………………………… 10
  - 盧舎那仏坐像（るしゃなぶつざぞう）　大仏殿（だいぶつでん）　南大門（なんだいもん）　二月堂（にがつどう）
  - 法華堂（三月堂）（ほっけどう さんがつどう）　戒壇堂（かいだんどう）　正倉院（しょうそういん）　東大寺ミュージアム
  - 大仏ができるまで／仏像のつくり方をもっと見てみよう／仏像の種類を知ろう

- **奈良公園** ……………………………………… 18
  - 鹿（しか）と仲よくしよう！／鹿（しか）の年間イベント／鹿（しか）と公園の共生を示す「ディアライン」

- **春日大社**（かすがたいしゃ） …………………………………………… 22
  - 夫婦大國社（めおとだいこくしゃ）　萬葉植物園（まんよう）

- **興福寺**（こうふくじ） ………………………………………… 24
  - 東金堂（とうこんどう）　五重塔（ごじゅうのとう）　国宝館

- **平城宮跡**（へいじょうきゅうせき） ……………………………………… 26

- **唐招提寺・薬師寺**（とうしょうだいじ・やくしじ）ほか …………………… 28
  - 唐招提寺（とうしょうだいじ）　薬師寺（やくしじ）　元興寺（がんごうじ）

◆奈良の多様な世界遺産（せかいいさん）　30

PART 2 奈良の文化を体感する

ならまちを歩いて町家を実感 ……… 32
- 奈良市史料保存館
- 奈良町資料館
- 今西家書院
- 十輪院
- ならまち格子の家
- 町家をくわしく見てみよう！

伝統の技を伝える工芸品 ……… 36
- 奈良墨
- 奈良筆
- 高山茶筌
- 奈良団扇
- 赤膚焼
- 鹿角細工
- 奈良晒

いにしえからの味を楽しもう ……… 38
- 三輪そうめん
- 奈良漬
- 吉野葛
- 柿の葉寿司
- 茶粥

伝統はここからはじまっていた！ ……… 40
- 相撲
- 能
- 万葉集

古代だけじゃない！ 近代の奈良めぐり ……… 42
- 奈良女子大学記念館
- 奈良ホテル
- 奈良国立博物館 なら仏像館
- 奈良国立博物館 仏教美術資料研究センター

◆平城京より前の都はどこ？ 44

PART 3 歴史ロマンの地を歩こう

斑鳩 ……… 46
- 法輪寺
- 藤ノ木古墳
- 法起寺
- 中宮寺
- 法隆寺
- 聖徳太子ってどんな人？／法隆寺の七不思議／法隆寺を守る宮大工の技

飛鳥 ……… 52
- 飛鳥寺
- 石舞台古墳
- 高松塚古墳
- 謎の石造物を見てまわろう
- いろいろな古墳

吉野 ……… 56
- 金峯山寺
- 吉水神社

奈良の地理と風土

奈良がどんな位置にあるのか、
どんな気候や地理をしているのか、学んでおきましょう。

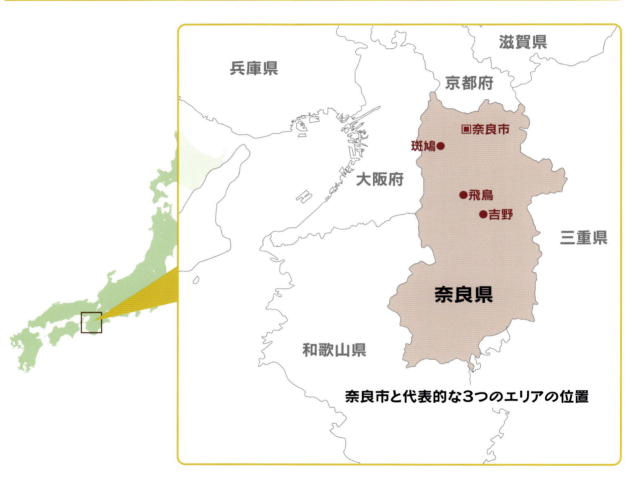

奈良市と代表的な3つのエリアの位置

海がなく、山に囲まれた県

日本で海に面していない県は8つ、そのうちの一つが奈良県です。北西を生駒山地に、北東を笠置山地に、南を紀伊山地に囲まれた奈良盆地は県の面積の8パーセントにすぎませんが、人口のおよそ9割が住んでいます。

南と北で異なる気候

奈良市などのある県北部は、内陸部の盆地ならではの「夏暑く、冬寒い」という気候で、1日のうちの寒暖の差も大きくなります。一方、県南部は山と川が多いため、夏はきわめて雨量が多くなります。

奈良市街

赤い文字で示したものは、本書で紹介している主な観光スポットです。

数字で見る奈良

およそ9000

奈良県内にある古墳の数。3世紀後半に奈良盆地に大和政権が生まれ、784年に長岡京（京都府向日市）に都がうつるまで、奈良が政治の中心として栄えていたことをうかがわせます。

64／220

全国の国宝指定を受けている建造物220件のうち、奈良県には64件が存在し、全国で1位となっています。法隆寺だけで、そのなかの18件を占めています（2014年10月現在）。

1076

2014年に奈良公園に生息していると確認された鹿の頭数。1945年には79頭まで減少しましたが、1980年には1000頭を超え、以降、1000～1200頭で推移しています。

さっとおさらい！ 奈良の歴史と人物

飛鳥・奈良時代の歴史と、その時代に登場する人物・事件を
ざっと頭に入れておくと、名所がいっそう楽しめます。

年代	主なできごと
3～4世紀ごろ	箸墓古墳や崇神天皇陵など大型の前方後円墳がつくられる
6世紀前半	仏教が日本に伝わる
592	推古天皇即位。翌年、聖徳太子が摂政に就任
607	聖徳太子、法隆寺を建立／小野妹子を隋に派遣
626	蘇我馬子死去
630	遣唐使の派遣がはじまる
645	中大兄皇子と中臣鎌足が蘇我入鹿を暗殺
672	壬申の乱がおこり、翌年、大海人皇子（天武天皇）即位
710	平城京に遷都
724	聖武天皇即位
752	東大寺大仏の開眼法要が営まれる
759	鑑真、唐招提寺を創建
784	都が長岡京にうつる
794	桓武天皇、平安京に遷都

知っておきたい人物

名所・旧跡にゆかりのある人物を知ると、その成り立ちもわかり、親しみが持てます。

聖徳太子
（574〜622年）

推古天皇の摂政となり、蘇我氏とともに天皇を中心とした政治体制をととのえた。→50ページ

推古天皇
（554〜628年）

日本で最初の女性の天皇。母を蘇我氏に持ち、おいの聖徳太子を摂政として政治を行なった。

蘇我馬子
（551?〜626年）

推古天皇のおじであり、4代の天皇に仕え、54年間にわたり大臣として権力を誇った。乙巳の変で子の蝦夷は自害、孫の入鹿が殺され、蘇我氏は滅びる。

藤原不比等
（659〜720年）

大化の改新を行なった中臣鎌足の子で、律令制度の確立にかかわった。娘を聖武天皇の妻とし、のちの藤原氏繁栄の基礎をつくった。

聖武天皇
（701〜756年）

仏教を深く信仰し、全国に国分寺、国分尼寺を建て、都には東大寺を建てた。唐の文化を積極的に取り入れ、仏教色の濃い天平文化が栄えた。

鑑真
（688〜763年）

仏教の教えを伝えるため、唐（中国）から来た僧侶。753年、6度目の挑戦でようやく日本に渡り、律宗を伝え、唐招提寺を建てた。

桓武天皇
（737〜806年）

都を平城京から長岡京にうつし、さらに794年に平安京にうつし、律令制度の再建をはかった。

本書の使い方

　今の日本の基礎ができあがったといえる場所、それが奈良県です。さまざまな歴史ドラマの舞台であり、仏教美術の宝庫であり、由緒ある建築物や古墳が多数存在し、豊かな四季が残る場所……。

　見どころの多い奈良ですが、修学旅行の決められた時間のなかでは、行ける場所は限られてしまいます。そこで、本書を活用し、奈良について幅広く、より深く学んでください。

PART ❶ 奈良の見どころをとことん見る

　東大寺、春日大社、興福寺など、奈良市内にある代表的な社寺をくわしく解説します。一つひとつの建築物や、所蔵する宝物について解説するほか、仏像のつくり方や鹿とのあそび方など、訪れている場所や、奈良時代への理解を深められる情報も盛りこんでいます。

PART ❷ 奈良の文化を体感する

　ならまちに受け継がれてきた庶民の暮らしを実感したり、長い伝統を誇る工芸品や食べ物などを楽しんだり、奈良の多彩な文化を学べるテーマを取り上げます。歴史だけでなく、文化の面でも、奈良が「日本のふるさと」といわれている理由を感じ取れるでしょう。

PART ❸ 歴史ロマンの地を歩こう

　聖徳太子が暮らした「斑鳩」、古代の不思議が点在する「飛鳥」、一面の桜が美しい「吉野」など、時間をかけてでも訪れたい、奈良郊外の３つのエリアを紹介します。

　★巻末に、奈良の四季を紹介する「季節ごとの奈良の楽しみ方」、移動の参考にしたい「奈良の交通」、お参りに役立つ「参拝のマナー」をのせています。

＊各施設の住所や開いている時間、料金などは、62〜63ページの「さくいん」にまとめています。行き先が決まったら、くわしい情報を確認しましょう。
＊体験施設は、ほとんど予約が必要です。希望の時間帯にできるよう、早めの予約が大切です。
＊移動時間、拝観に必要な時間とも、余裕を持って計画を立てましょう。道が混んでいたり、バスが時間どおりに来ないこともありますし、おみやげを選ぶ時間、食事をする時間も必要です。
＊本書にのっている拝観・入館料や拝観時間は2014年11月現在のものです。特記したもの以外は税込価格です。

PART 1

奈良の見どころを
とことん見る

奈良のシンボル、大仏がおわす

東大寺 世界遺産

日本一大きな大仏で知られる東大寺は、奈良を代表する観光スポット。境内に点在するお堂や安置されている仏像など、すばらしいものばかりです。

東大寺は、奈良時代に聖武天皇が仏教の教えを中心にして、国を守るために建てたお寺。広大な境内には見どころがたくさんありますが、なかでも「大仏さま」とよばれる、高さ約15メートル、重さ約250トンもある大きな仏像は大人気。世界最大の金銅仏で、正式には盧舎那仏といいます。

国をあげての一大プロジェクト

国宝

盧舎那仏坐像

聖武天皇は仏教の力で平和を取りもどそうと、国をあげて大仏づくりに取り組み、7年かけて、752年に完成させました。鋳造にかかわった人はのべ250万人ともいわれています。

何度も戦火にたえた大仏

大仏はこれまで何度も戦に巻きこまれましたが、そのたびに修復されてきました。今では奈良時代から残っているのは、ひざ頭の一部と台座のみです。

世界最大規模の木造建築
❀ 大仏殿

　創建から二度、焼失しており、現在のお堂は江戸時代に建てられたものです。しかし再建のための木材が十分に用意できず、建物は元の約3分の2の大きさになりました。それでも、木造建築としては世界最大の規模を誇ります。

大仏ができるまで

❶ 原型をつくる

木材で骨組みをつくり、竹、縄などで輪郭をつくります。その上に粘土と石膏を塗り固めます。これが原型になります。

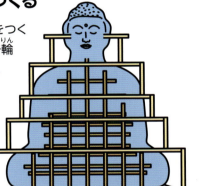

❷ 鋳型をつくる

原型の表面に粘土で型をとり、それをはがして焼き上げて鋳型にする。

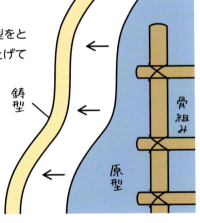

❸ 鋳造する

原型と鋳型の間にすきまをつくり、そこに銅を流しこみます。

❹ 8回に分けてつくる

❷と❸の作業を下から上へと8回に分けて、まわりの盛り土を高くしながらつくっていきます。最後に土と型を取り去ると、大仏が出現します。

🖐️ 大仏さまの鼻の穴をくぐってみよう

　大仏殿の柱には、大仏さまの鼻の穴と同じ大きさといわれる穴があいており、くぐると無病息災のご利益があるといわれています。穴の大きさを見ると、大仏さまの大きさも実感できるでしょう。

PART ❶ 奈良の見どころをとことん見る　11

仏像のつくり方をもっと見てみよう

奈良にはさまざまな仏像があり、つくり方もさまざまです。大仏さまのようなつくり方のほかに、どんなつくり方があるか見てみましょう。

✳ 寄せ木造り

2本以上の木を寄せ合わせてつくることで、分業して大きな像をつくることができます。仏師・定朝によって確立されました。

ここで見られる！
菩薩半跏像（中宮寺）
金剛力士立像（興福寺）

✳ 塑像造り

心木に荒縄を巻き、そこへ粘土を2〜3回に分けて盛って形づくり、色を塗ります。写実性にすぐれます。

ここで見られる！
四天王立像（東大寺戒壇堂）
十二神将像（新薬師寺）

✳ 脱活乾漆造り

土で型をつくり、その上に麻布を漆で何度も塗り固め、乾燥したら中の土を除いて支柱を入れ、表面を加工します。

ここで見られる！
鑑真和上坐像（唐招提寺）
阿修羅像（興福寺）

仏像の種類を知ろう

仏像を見ていると、いろいろな姿があることがわかります。仏教の世界における仏像の種類や役割を知って、仏像鑑賞をもっと楽しみましょう。

✴ 如来とは

「悟りを開いた人」という意味で、最高位の仏さまのこと。仏像では釈迦が悟りを得た姿であらわされます。

<有名な仏像>
誕生釈迦仏像（東大寺）
薬師如来坐像（薬師寺）
大日如来坐像（円成寺）

✴ 菩薩とは

如来になるための修行をしている仏さまのこと。人々をやさしく見守る救いの仏でもあります。

<有名な仏像>
聖観世音菩薩像（薬師寺）
千手観音立像（唐招提寺）
救世観音像（法隆寺）

如来
菩薩
明王
天部

✴ 明王とは

密教の考えから生まれた仏さま。こわい怒りの表情をして、如来の教えに従わない者をこらしめ、正しい仏の世界へと導きます。

<有名な仏像>
愛染明王坐像（西大寺）
不動明王像（不退寺）

✴ 天部とは

いろいろな神さまの集まりで、個性豊か。人間に近いイメージで表現され、主に、武人系、天女系、鬼神系に分かれます。

<有名な仏像>
吉祥天女像（浄瑠璃寺）
八部衆立像（興福寺）

PART ❶ 奈良の見どころをとことん見る

日本最大の大仏にふさわしい日本最大の山門

 南大門 国宝

現在の門は鎌倉時代に東大寺を復興した重源上人が再建したもの。屋根裏まで届く長い柱、迫力ある木組みからなる豪快なつくりは「大仏様」といわれます。

みどころ 運慶・快慶作の **金剛力士像** 国宝

南大門の左右に立つ金剛力士像は、運慶・快慶らが製作した一対の仏像で、鎌倉時代を代表する文化財。悪霊をはらう怒りに満ちた表情、盛り上がる筋肉がダイナミック。

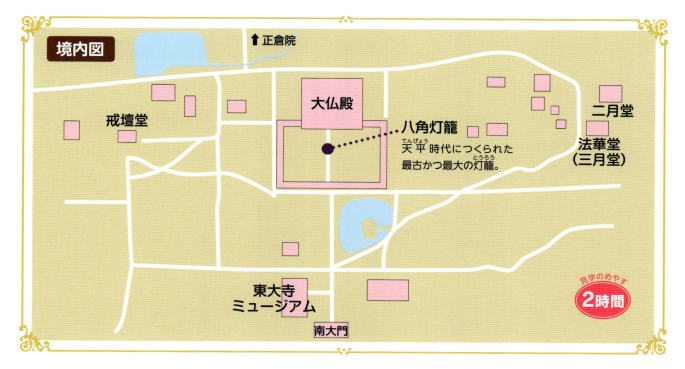

境内図
↑正倉院
大仏殿
戒壇堂
八角灯籠　天平時代につくられた最古かつ最大の灯籠。
二月堂
法華堂（三月堂）
東大寺ミュージアム
南大門

見学のめやす **2時間**

奈良に春を告げる伝統行事「お水取り」の舞台

✿ 二月堂 （国宝）

奈良の早春の風物詩である「お水取り（修二会）」が行なわれる仏堂。1260年以上、一度も休むことなく続けられ、寒い真冬の夜に大松明を持った童子が観客の頭上に火の粉を散らしながら舞台をまわります。

東大寺最古の名建築

✿ 法華堂（三月堂） （国宝）

法華堂とよばれ、東大寺ができる前に建立されたという、東大寺のなかでもっとも古い建築物。天平様式と鎌倉様式という異なる時代の技法がうまく調和しています。

買い物 大仏グッズ

大仏を刺繍したお守りをはじめ、いろいろな大仏グッズがあるので要チェック！

この仏像に会える！
不空羂索観音立像（国宝）

日本ではじめての正式な授戒の場

✿ 戒壇堂

754年、聖武上皇は唐から渡来した鑑真から仏教の教えである戒を授かり、翌年、日本ではじめての正式な授戒の場として戒壇院を建立しました。その一部として復興された戒壇堂の堂内の四隅には天平彫刻の傑作である四天王立像が安置されています。

この仏像に会える！
四天王立像（国宝）
（持国天像、増長天像、広目天像、多聞天像）

PART ❶ 奈良の見どころをとことん見る

奈良時代の宝物がいっぱい！

正倉院 【国宝】

　元は東大寺の境内にあり、東大寺を創建した聖武天皇の遺愛の品や東大寺の年中行事に使う仏具など、9000点以上の宝物をおさめた倉のこと。宝物を見ると、中国や朝鮮半島だけでなく、シルクロードを通じて西アジアやペルシアなどと文化的なつながりがあったことがわかります。

螺鈿紫檀五絃琵琶
　インドに起源を持つ五絃琵琶で、中国・日本で広く愛されていた楽器。現存する五絃の琵琶としては世界で唯一のものです。

漆胡瓶
　ペルシア風デザインの水差し。注ぎ口が鳥の頭の形になっています。

白瑠璃碗
　透明でうすい褐色の色合いが美しいガラスのお碗。ペルシアで製作されたものと伝わります。

瑠璃坏
　紺色のガラスのカップ。ガラスはペルシア、脚の部分は唐でつくられたといわれます。

📷 宝物をおさめる巨大な「正倉」
　正倉は幅約33メートルの横長の建物で、内部は北倉、中倉、南倉に分かれています（今は宝物は保管されていません）。三角の木材を組んだ校倉造が特徴です。

宝物を見るには「正倉院展」へ
　正倉院の宝物はふだんは非公開ですが、年に一度、奈良国立博物館で特別展示が行なわれ、毎回テーマを変えて、さまざまな宝物が出陳されます。

東大寺の歴史がすべてわかる！
東大寺ミュージアム

1300年前から伝えられてきた東大寺の美術作品や歴史資料を展示する施設。国宝の日光・月光菩薩立像をはじめ、東大寺を代表する美しい仏像を一堂に拝観できるだけでなく、彫刻・絵画・書・工芸品など数々の寺宝も展示されています。

買い物 ストラップ

正倉院の宝物である「五絃琵琶」を持った鹿のストラップなど、奈良ならではのおみやげがたくさん！

やってみよう 文字を書いて集中！写経にチャレンジ

東大寺本坊には写経道場があり、気軽に写経体験ができます。心を落ち着かせて文字を書くと、集中力がアップ！ 仏さまの絵を書き写す「写仏」もおすすめです。
（1500円・1～2時間程度）

人の手から手へと伝えられた宝物たち

正倉院の宝物が貴重だとされるのは、地中から発掘された出土品ではなく、1300年以上にもわたって人の手によって大切に守り伝えられてきた品であるためです。しかも、国内でつくられたものだけでなく、中国やインド、遠くはエジプトといった外国産の素材や渡来品がおさめられているのです。このことも貴重である理由の一つです。

遣唐使が唐のめずらしいものを持ち帰ったことで、正倉院には遠い外国の宝物が保存されているのです。

鹿とあそぼう！
❖ 奈良公園

奈良公園には約1100頭もの鹿が生息しています。人になれたかわいい鹿たちと仲よくあそぶ前に、鹿の生態について学んでおきましょう。

660ヘクタールもある広大な奈良公園には、緑あふれる自然とともに、東大寺、興福寺、春日大社といった歴史的遺産や、奈良国立博物館、正倉院などが点在しています。「大仏と緑と鹿」に代表される奈良公園は、まさに古都・奈良の顔です。

 なぜ鹿がいるの？

その昔、常陸の国（今の茨城県）から神さまが白鹿に乗って春日大社にやってきたという伝説があることから、奈良の鹿は神さまの使いとして大切に保護されてきました。ちなみに奈良の鹿は国の天然記念物に指定されている野生の動物で、飼育されているわけではありません。

鹿と仲よくしよう！

＊鹿せんべいをあげよう

鹿は鹿せんべいが大好き。鹿せんべいを手にすると、鹿がたくさん近寄ってきます。すばやくあげて、なくなったら手のひらを見せて、もうないことを示しましょう。

Q 「鹿せんべい」ってなにからできているの？

主に米ぬかなどからつくられる、鹿にやさしいおやつです。奈良公園のおみやげ屋さんなどで売られており、収益の一部は鹿の保護に役立てられています。

＊写真をとろう

奈良公園の鹿は人になれているのであまり逃げませんが、できるだけやさしく近づいて、自然な姿をとりましょう。大声を出して気を引いたり、押さえつけたりさわったりしないように。

Q 鹿のフンはどうしているの？

鹿の数が多いだけに、公園内のいたるところに鹿のフンが散らばっています。しかしフンだらけにならないのは、コガネムシやミミズ、微生物により分解され、公園の芝生や木々の栄養源になっているから。自然の力でしっかりリサイクルされているのです。

⚠ ルールを守ろう！

❶鹿せんべい以外はあげない

鹿はふだん奈良公園の芝や、木の実などを食べて生活しています。人間の食べ物や、食べ物のにおいのついたゴミなどを食べて、消化不良で死んでしまう事故があとをたたないので、ゴミは必ず持ち帰りましょう。寄ってきても、鹿せんべい以外はあたえてはいけません。

❷鹿がいやがることをしない

じっとしている鹿をおどかしたり、ふざけて鹿を追いまわすと、鹿があばれたり、突然道路に飛び出して交通事故にあうおそれがあります。

PART ❶ 奈良の見どころをとことん見る

鹿の年間イベント

鹿寄せ
※年度により時期は異なる。

ナチュラルホルンの音色で鹿をよび寄せます。1892年からはじめられ、集まってきた鹿たちにはごほうびの「どんぐり」があたえられます。

鹿はどんなふうに鳴くの？

あまり鳴くイメージがありませんが、耳をすませば時おり、お母さん鹿が子鹿をよぶときの「キィーッ」というか細い鳴き声が聞こえます。

5月～7月　出産

奈良公園には雌鹿が約700頭生息し、毎年5月中旬から7月ごろまで、赤ちゃん鹿が誕生するシーズンを迎えます。人と鹿とのトラブル防止策として、毎年4月から、妊娠しているお母さん鹿を鹿苑で保護します。

かわいい子鹿を見に行こう！

赤ちゃん鹿が生まれてから、お母さん鹿といっしょに行動できるようになる7月中旬までのあいだに、鹿苑でかわいい子鹿を特別公開しています。

10月　鹿の角きり

発情期を迎えた雄鹿の角は、凶器にもなります。人に危害を加えたり、鹿同士がお互いに突き合って死傷することがないよう、人との共生のなかで生まれた奈良ならではの伝統行事です。

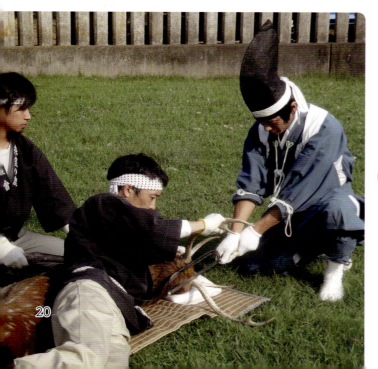

角をきられて痛くないの？

鹿の角は、人間でいえば爪のようなもので、神経や血管はなく、痛くもありません。きり落としても翌年の早春には新しい袋角が成長してきます。

鹿と公園の共生を示す「ディアライン」

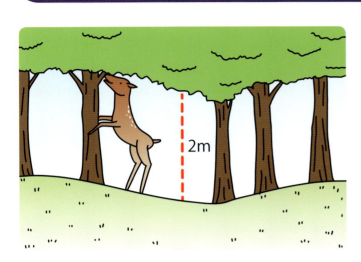

奈良公園の見通しがよいのは、鹿が樹木の2メートル以下の枝葉を食べ尽くしてしまい、枝の下の線がそろっているからです。これは「ディアライン」とよばれる奈良公園独特の景観。下草にはワラビやアセビなど、鹿が食べない植物だけが育ちます。

📷 鹿の生態を間近で見てみよう

春日大社の参道の南側にある「鹿苑」は、病気やケガをした鹿や、妊娠中のお母さん鹿の保護施設です。6月ごろには赤ちゃん鹿のお披露目が行なわれ、鹿の生態を間近で見ることができるほか、鹿について学べる展示もあります。

✱ 鹿がおこす問題

奈良公園には柵がないので、鹿が公園周辺の田畑の農作物を食べてしまうという問題がおきています。奈良の鹿は天然記念物に指定されているため、田畑を荒らすクセがついた鹿は、鹿苑に保護されます。

今も昔も変わらない、奈良の風景を訪ねてみよう ～南都八景～

南都八景は、東大寺・興福寺周辺にあるすぐれた風景を8つ選んだもので、「東大寺の鐘」「春日野の鹿」「南円堂の藤」「猿沢池の月」「佐保川の蛍」「雲井坂の雨」「轟橋の旅人」「三笠山の雪」の8つの風景のこと。室町時代に公式の書物にはじめて登場し、江戸時代になると名所絵図や観光本に多く取りあげられるようになり、広まりました。

今では場所がはっきりしないものや、もう残っていないものもありますが、奈良公園にいる鹿や、東大寺の鐘など、昔の人々が感銘を受けた風景を楽しみましょう。

朱塗りの社殿がきれい！
春日大社 世界遺産

春日山の緑に包まれた春日大社。朱塗りのあざやかな社殿をはじめ、たくさんの灯籠、万葉の香りに包まれた植物園など見どころがいっぱいです。

今からおよそ1300年前、平城京の守護のために創建されたのがはじまりです。朱色の回廊がぐるりと四方を囲み、境内には石灯籠と釣灯籠が約3000基もあり、灯籠の数が多い神社としても有名です。

📷 みどころ 境内のあちこちで藤の花を発見！

春日大社の神紋は「さがり藤」であり、境内にもたくさんの藤の花が見られます。本社にある「砂ずりの藤」は名木として知られるほか、御巫（巫女）さんの頭を飾るかんざしも藤の花です。

✳ 中門

本殿の直前にある中門は鎌倉時代以前に建てられたもので、国の重要文化財に指定されています。ここから左右に鳥が羽を広げたように御廊がのびています。

縁結び・夫婦円満を願う
夫婦大國社

日本で唯一、夫婦の大國さまをおまつりする社。平安時代に出雲大社のご神霊をお迎えしたことにはじまり、以来900年間、「良縁・夫婦和合を願ってかなえられぬことなし」といわれ、多くの参拝客でにぎわっています。

買い物 ハートの絵馬

大人気のハート形絵馬。よいご縁を願いましょう。

日本でもっとも古い萬葉植物園
萬葉植物園

一之鳥居から春日灯籠が並ぶ参道を行くと、『万葉集』に登場する草花約300種を栽培する、国内最古の「萬葉植物園」があります。春日大社のシンボルである藤を栽培する「藤の園」もあり、万葉の世界にひたりながら散策が楽しめます。

買い物 鹿モチーフのお守りなど

神さまのお使いとされる鹿をモチーフにした、かわいいお守りやおみくじは、おみやげとしても人気。

境内図　見学のめやす **1時間**

※宝物殿は2015年1月～2016年7月まで休館。

祈念紙に書いた願いをかなえてくれる叶守と、式年造替記念の白鹿みくじ。

PART ❶ 奈良の見どころをとことん見る　23

国宝だらけの名寺！
興福寺 世界遺産

有名な阿修羅像をはじめとする仏像類はもちろん、奈良を象徴する五重塔などの建造物も必見！

正面の顔
憂いをおびながらも悟りの表情

向かって右の顔
迷いの表情

向かって左の顔
唇を噛み、怒りの表情

平城京遷都にともない藤原不比等により飛鳥から現在の場所にうつされ、藤原氏の氏寺として大いに栄えました。いくつもの戦乱や災害に見まわれながらも、現在、国内にある国宝仏像彫刻の17パーセントを所蔵する、まさに仏教美術の宝庫。

✳ 阿修羅像 　国宝

奈良時代の仏像の傑作ともいわれ、3つの顔と6本の手を持つ三面六臂の姿をした脱活乾漆造りの仏像です。その顔はおだやかながらも苦悩しているようにも見え、多くの人を魅了しています。

買い物 阿修羅グッズ

国宝館では、ふせんやクリアファイルなど、阿修羅をあしらったグッズをぜひ手に入れましょう。

聖武天皇ゆかりの建物
東金堂 国宝

　聖武天皇が建立し、何度も焼失しながらそのたびに再建され、現在の建物は室町時代の再建。内部に安置されている木造十二神将立像（国宝）は、個性ある12体のダイナミックな群像の表現がみごと。

古都・奈良を象徴する塔
五重塔 国宝

　藤原不比等の娘であり聖武天皇の妻である光明皇后が730年に建立。50.1メートルの高さは、木造の塔としては京都の東寺についで日本では2番目の高さです。

奈良時代の名作・傑作が大集合！
国宝館

　仏像や絵画、工芸品、書籍など、奈良時代から伝わる興福寺の寺宝の数々を収蔵・展示。とくに仏像は、その多くが国宝や国の重要文化財に指定されています。阿修羅像や木造金剛力士立像はここで拝観できます。

＊木造金剛力士立像 国宝

　リアルな筋肉表現やバランスのよさなど、鎌倉彫刻の特徴をよくあらわした、リアルで躍動感あふれる傑作。

天平のロマンを感じる
✿ 平城宮跡 【世界遺産】

平城京は、今から1300年ほど前につくられた都です。その中心である平城宮跡で、奈良時代の姿を思い浮かべながら、歴史のロマンを感じてみましょう。

710年から784年まで、約70年のあいだ都だった平城京。平城宮を中心に、律令国家としてのしくみが完成し、天平文化が花開きました。現在は、特別史跡として、だれもが自由に散策を楽しめます。

✻ 第一次大極殿

朱雀門の真北に堂々とそびえる「大極殿」は平城宮最大の宮殿で、天皇の即位など、国の大切な儀式のために使われていた場所です。平城京遷都1300年を祝って、2010年に復原されました。

本格的な中国様式の都〜平城京〜

平城京は710年、元明天皇が唐（中国）の長安をモデルにつくった都です。東西約4.3キロメートル、南北約4.8キロメートルの長方形の東側に、東西約1.6キロメートル、南北約2.1キロメートルの外京を加え、総面積は約2500ヘクタール。長安にならって「条坊制」を取り入れ、碁盤の目のように整然と区画された広大な都でした。

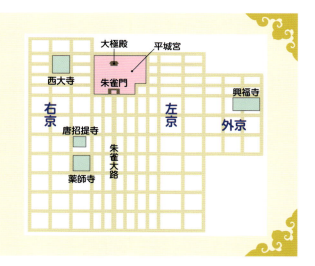

＊朱雀門

朱雀門は平城宮の正門で、外国使節の送迎や、男女が集まって歌をよみ合う「歌垣」などを行なった場所です。朱雀門の左右には高さ5.5メートルの築地がめぐらされていました。

📷 平城京歴史館

写真提供：平城京歴史館

平城宮跡に隣接する「平城京歴史館」では、大陸との交流で発展した平城京や、遣唐使についての歴史を、わかりやすいアニメーションやリアルな映像で学ぶことができます。

画像製作：凸版印刷株式会社

当時の平城京の様子をリアルな映像で見ることができる「平城京VRシアター」も必見。

奈良時代の暮らしはどんなものだった？

○食事は1日2回

食事は午前と午後の2回。身分によって食べるものは違い、貴族は米を主食に、全国から集められた山海の特産物や、牛乳を原料とする「蘇」（→55ページ）を食べるなど、贅沢なものでした。

○唐の文化に影響を受けた服装

貴族の人たちは、服装はもちろん、髪形や化粧まで、唐の影響を受けた格好をしていました。さらに男女とも、身分に応じた服装が法律で決められていました。

PART ❶ 奈良の見どころをとことん見る

まだある！世界遺産のお寺
唐招提寺・薬師寺 ほか

奈良公園から少し離れた、かつての平城京の西部にあたるエリアにも、世界遺産のお寺があります。

唐の僧・鑑真が創建

唐招提寺 [世界遺産]

759年、聖武天皇の招きで苦難の末に日本にやってきた唐の僧・鑑真が建立。律宗の修行場として栄えました。講堂、金堂をはじめとする伽藍が立ち並び、現在でも創建時の姿をうかがい知ることができます。

❋ 鑑真和上 お身代わり像

教科書でもおなじみの鑑真和上坐像（国宝）は、毎年6月の3日間だけしか公開されないので、毎日拝観できるようにと現代の技術を駆使して模像「お身代わり像」が製作されました。

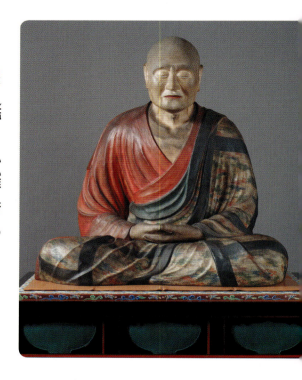

❋ 金堂 [国宝]

8世紀後半の創建時の荘厳な姿を残す金堂。堂内には本尊の盧舎那仏坐像、薬師如来立像、千手観音立像（いずれも国宝）が安置されています。

命がけだった遣唐使

7～9世紀、唐の文化や制度を取り入れるため、日本から唐へ派遣された使節が「遣唐使」です。当時は航海や造船の技術が不十分だったため危険も多く、唐に渡ったものの、遭難して日本に帰れず唐で一生を終えた人もいました。鑑真も何度も渡航に失敗し、そのために失明したといわれます。

東西に塔を持つ壮大な伽藍配置

 薬師寺 世界遺産

　天武天皇が妻（のちの持統天皇）の病気回復を祈願して建立した寺。中央に金堂と大講堂、その両脇に東西の塔を持つ伽藍配置は「薬師寺式」とよばれ、本尊の薬師三尊像とともに、白鳳文化を今に伝えています。

* **西塔**

　1981年に復元されたもので、対になる東塔（国宝）は薬師寺のなかで唯一、創建当時の姿のまま現存している建物です。

※東塔は、2019年まで改修工事中のため見学できません。

日本最古の本格寺院

 元興寺 世界遺産

　蘇我馬子が建立した日本最古の本格寺院・飛鳥寺（法興寺）を、平城京遷都の際に現在の地にうつしたもの。かつては、現在の「ならまち」（→32ページ）のほぼ全域を境内とする広大な寺院でした。屋根の一部には、飛鳥時代の瓦や奈良時代の柱が使われています。

奈良の多様な世界遺産

　奈良県には、3つの世界遺産が存在します。

　1993年、まず、法隆寺に属する47棟の建造物と、法起寺に属する1棟の建造物が「法隆寺地域の仏教建造物」として、日本最初の世界遺産に指定されました。

　続いて1998年、奈良市内の東大寺、春日大社、興福寺、元興寺、薬師寺、唐招提寺などが「古都奈良の文化財」として登録されました。

　さらに2004年、奈良県南部の吉野山や金峯山寺、吉水神社を含む修験道にまつわる寺院や参詣道が「紀伊山地の霊場と参詣道」として世界遺産に登録されています。

　「法隆寺地域の仏教建造物」は仏教を中心としたおおらかな飛鳥時代の文化を、「古都奈良の文化財」は唐の影響を受けつつ都として花開いた奈良時代の文化を、「紀伊山地の霊場と参詣道」は奈良時代から続く修験道の世界と豊かな自然を感じられる、それぞれに個性豊かな世界遺産となっています。

PART 2

奈良の文化を体感する

ならまちを歩いて町家を実感

奈良公園や興福寺の南側に広がる一帯を「ならまち」とよびます。資料館や古い町家を訪れて、奈良の昔の暮らしを知りましょう。

✱ 「ならまち」ってどんな町?

元興寺の門前町として栄えた町で、今も由緒ある社寺や町家が並び、古都の雰囲気が楽しめます。町家を改装したショップやカフェもあり、買い物などを楽しむことができます。

・元興寺 卍
・奈良市史料保存館
・奈良町資料館
・庚申堂 ➡p34
・ならまち格子の家 ➡p34

❀ 奈良市史料保存館

古い文書や明治時代の新聞など、近世・近代の貴重な史料が多く保存されています。古地図や奈良奉行所の復元模型などもあり、かつての奈良の様子を垣間見ることができます。

写真提供:奈良市教育委員会

奈良町資料館

江戸時代から昭和初期に「ならまち」で使われていた生活用品が展示されています。とくに、茶つぼやキセルなどの絵を文字のかわりに使った、ユニークな看板がそろっています。

今西家書院

室町時代の様式を伝える書院造りの建物で、重要文化財に指定されています。きれいに手入れされた庭を眺めながら、抹茶や季節の和菓子をいただくこともできます。

一本溝の障子や半蔀など意匠を凝らした室内。

唐破風の檜皮葺が特徴的な雅なたたずまい。

十輪院

鎌倉時代の南門と、寄棟造りによる静かなたたずまいの本堂（国宝）を持つお寺。本堂の奥には、お地蔵さまや釈迦如来などが彫られた石仏龕がおさめられています。

PART ❷ 奈良の文化を体感する

町家をくわしく見てみよう！

ならまち格子の家

ならまちの伝統的な町家を再現した施設で、「うなぎの寝床」とも表現される狭い間口と長い奥行の造りをはじめ、格子、庭、箱階段などを間近に見ることができます。

町家の特徴❶

格子

格子には、中から外はよく見えるけれど外から中は見えにくいという、ブラインドの機能があります。家の中にいながら外の様子がうかがえるという、商人の町ならではの知恵です。

軒先には「身がわり申」がお約束

ならまちの家の軒先に必ずといっていいほどぶらさがっているのが、赤い申のぬいぐるみ。民間信仰「庚申さん」のお使いで、町家の中に災難が入ってこないように魔除けとしてつるしてあります。

＊庚申堂

庚申信仰の拠点で、堂内には「庚申さん」とよばれる青面金剛立像がまつられています。屋根の上の「見ざる聞かざる言わざる」の三猿像も要チェック。

町家の特徴❷
通り庭と中庭
通り庭（写真下）は玄関から奥へと続く土間のこと。隣の家の物音が気にならないようにと設けられています。また、中庭（写真右）は通風や採光の役割もはたしています。

町家の特徴❸
箱階段
狭い空間をむだなく使うため、2階への階段下を収納スペースとして確保しています。

中庭

町家の特徴❹
バケツ
古い木造家屋が並ぶ町なので、水の入った赤いバケツが火事などにそなえて軒先に置かれています。

町家の特徴❺
お水取りのお松明
東大寺二月堂で3月に行なわれる「お水取り」で使われたあとの松明が、家の通り庭に飾られます。

通り庭に飾られたお松明

PART ❷ 奈良の文化を体感する　35

伝統の技を伝える工芸品

奈良時代には、大陸からさまざまな文化が伝わってきました。その技術を今に受け継ぐ伝統工芸品について学びましょう。

古来の技法のままにつくられる
 奈良墨

墨は推古天皇の時代に高句麗の僧が製法を伝えたとされ、奈良墨は室町時代に興福寺の灯明のすすを集めてにかわを混ぜてつくったのがはじまりとされます。墨づくりは毎年10月から翌年4月ごろまでの寒期に行なわれ、奈良は全国生産額の9割以上を占めています。

やってみよう 自分の手でにぎって墨をつくる

1577年創業の「古梅園」では、生の墨を手のひらでにぎってつくる「にぎり墨」づくりを体験できます。自分の手のかたちに仕上がった、世界に一つだけの墨です。
（4320円〜・15〜30分程度　※11月〜4月中旬まで）

墨とともに栄えた伝統産業
 奈良筆

奈良には高名な社寺が多くあったことから、写経や記録用として筆がよく使われ、筆の製造業も発達しました。

手作業の技を代々受け継ぐ
 高山茶筌

室町時代にはじまり、茶道とともに栄えた茶筌づくり。その技術は親から子へと代々受け継がれました。材料の竹を田で乾燥させる風景は、奈良の冬の風物詩です。

優雅な透かし彫りにうっとり

奈良団扇（うちわ）

春日大社（かすがたいしゃ）の神官（しんかん）が軍扇（ぐんせん）の形にならってつくったのがはじまりとされます。正倉院（しょうそういん）の宝物（ほうもつ）に描（えが）かれている天平文様（てんぴょうもんよう）や、鹿（しか）、五重塔（ごじゅうのとう）など奈良の風物をかたどった透（す）かし彫（ぼ）りが特徴（とくちょう）です。

やってみよう　優雅（ゆうが）に風をおこそう

奈良団扇（うちわ）の技法を受（う）け継（つ）ぐ製造元は「池田含香堂（いけだがんこうどう）」のみ。透（す）かし彫（ぼ）りの文様（もんよう）を竹の骨（ほね）にはりあわせ、外まわりを美しくととのえる伝統の団扇（うちわ）づくりを体験できます。（1500円・2時間程度　※1週間前までに要予約）

やさしい色合（いろあ）いで描（えが）く奈良

赤膚焼（あかはだやき）

大和郡山（やまとこおりやま）の城主だった豊臣秀長（とよとみひでなが）（秀吉（ひでよし）の弟）が、愛知の陶工（とうこう）を招いてつくりはじめました。乳白色（にゅうはくしょく）の地色と、五重塔（ごじゅうのとう）や鳥居などをモチーフにした奈良絵（え）が特徴（とくちょう）です。

鹿（しか）の角（つの）が実用品に！

鹿角細工（しかづのざいく）

鹿の角きり（しかつの）（→20ページ）できられた角（つの）を加工したもの。置き物やペーパーナイフ、キーホルダーなど、身のまわりのいろいろな品に変わります。

パリッとした風合（かざあ）いの麻織物（あさ）

奈良晒（さらし）

僧侶（そうりょ）や神官（しんかん）の衣服をはじめ、武士の袴（かみしも）としても用いられ、江戸時代のはじめに発達（はったつ）しました。現在は茶巾（ちゃきん）やテーブルクロス、のれんなどに加工され、人気を集めています。

まとめてわかる！買える！　きてみてならSHOP

近鉄（きんてつ）奈良駅の近くにある「きてみてならSHOP」では、奈良一刀彫（いっとうぼり）や赤膚焼（あかはだやき）といった県内の伝統工芸品や、三輪（みわ）そうめん、吉野葛（よしのくず）などの名産品を展示（てんじ）・販売（はんばい）。おみやげ探（さが）しに便利です。

PART ② 奈良の文化を体感する

いにしえからの味を楽しもう

古都・奈良の名物は、昔から暮らしのなかで食べ続けられてきた、素朴でどこかなつかしい味ばかり。奈良の名物を食べて、いにしえの人々の知恵を学びましょう。

1300年前から続く伝統製法
 三輪そうめん

そうめんは奈良時代に唐の国から伝わったもので、日本では桜井市の三輪山麓でつくられはじめたといわれています。厳しい寒風にさらされる風土と、独特の手延べ製法によってつくられた麺は、歯ごたえと舌触りに定評があります。

やってみよう そうめんをつくってみよう

1717年創業の「三輪そうめん山本」の「麺ゆう館」では、手延べそうめんの製造工程や歴史などを学べるほか、そうめんづくりが体験できます。
（そうめん延ばし体験1080円・約90分 ※9月～6月末まで・1週間前までに要予約）

その名のとおり、奈良を代表する名産品
 奈良漬

白うり、なす、きゅうりなどの野菜を酒かすに漬けこんだ、独特の香り豊かなお漬け物。奈良時代の長屋王邸跡から出土した木簡にも「粕漬瓜」と書かれていたことから、当時の貴族も奈良漬を食べていたことがわかります。

手間ひまかけてつくられる和菓子の原料
 吉野葛

吉野地方でとれる良質な葛の根をくだき、厳寒期の冷水にさらして乾燥・熟成させ、手間をおしまずつくられる葛粉。きめ細やかな純白の吉野葛は、葛きり、葛まんじゅうなど、和菓子の材料として高い人気があります。

柿の葉の香りがさわやかな郷土寿司
✿ 柿の葉寿司

塩サバや塩ザケの切り身をのせた寿司飯を柿の葉で包んだお寿司。元は奈良県吉野地方の行事食として家庭でつくられていました。柿の葉はさわやかな香りをつけるだけでなく、防腐効果もあるため、保存食としても重宝されました。

お茶の香りが香ばしい
✿ 茶粥

水田の少なかった奈良で、お米を節約するために茶くずを入れたお粥を炊いたのがはじまりとされます。鎌倉時代に僧侶のあいだで食され、のちに庶民に広まりました。さらっとしてねばりが少ないのが特徴です。

ならまちにある築180年の町家を改装した「茶房 暖暖」ではほうじ茶かあずき茶か選べる茶粥に、大和ののっぺい汁、吉野葛入りのわらび餅などがついた『茶粥御膳』(1350円) をいただけます。

大和の伝統野菜とこだわり野菜

奈良の豊かな気候風土のなかで、遣唐使などによって伝えられた、インドや中国などを原産地とする伝統野菜が育てられてきました。近年、そうした奈良ならではの野菜が「大和の伝統野菜」「大和のこだわり野菜」として見直されています。

「大和の伝統野菜」とは、奈良県内で戦前から栽培され、独特の栽培法により、味・香り・形態・来歴などに特徴を持つ野菜のこと。大和まな、千筋みずな、宇陀金ごぼうなどがあります。一方、「大和のこだわり野菜」とは、奈良県オリジナルの野菜や、栽培や収穫に手間をかけて栄養やおいしさが増した野菜のこと。大和太ねぎ、半白きゅうりなどがあります。

伝統はここからはじまっていた！

遠い時代に奈良で生まれ、長い年月を経た今も大切に守り継がれている伝統ある芸能や文化に、ぜひふれてみましょう。

日本の国技のはじまりは……

 相撲

約2000年前、垂仁天皇のころ、大和の當麻蹶速と出雲の野見宿禰が天皇の前で相撲をとったのがはじまりとされています。桜井市穴師の兵主神社は相撲発祥の地といわれ、近くの相撲神社には二人が勝負したと伝わる土俵跡があります。
また葛城市當麻には相撲に関する博物館・相撲館「けはや座」があり、江戸時代の番付表や錦絵などを展示し、相撲の歴史と伝統を伝えています。

世界最古の演劇 "能" も奈良発祥

能

約800年の歴史があり、古典芸能のなかでも世界最古の演劇といわれる能。そのルーツである大和猿楽四座（結崎座、坂戸座、外山座、円満井座）は、奈良ではじまりました。興福寺・春日大社に属した結崎座からは、のちに能を大成させた観阿弥と世阿弥が輩出しました。
現在も毎年5月に興福寺・春日大社では薪御能が執り行なわれ、能の奥ゆかしさや幽玄の世界を見ることができます。

日本最古の和歌集
🌸 万葉集

　万葉集は7世紀後半から8世紀後半ごろにかけて編纂された、日本に現存する最古の和歌集です。万葉集がつくりはじめられた奈良は、和歌のふるさとといえるかもしれません。

　今も奈良には手つかずの自然が多く残り、万葉の時代を彷彿させる景観を目にすることができます。発掘調査で明らかになった遺跡、神話や伝承の舞台となった風景を訪ねてみるのもおすすめです。

📷 奈良県立万葉文化館

万葉集をテーマにした古代文化に関するミュージアム。万葉歌をモチーフに描かれた日本画をはじめ、人形、映像、音楽を使って万葉の世界を体感・体験できる展示がたくさんあります。

◎万葉庭園を散策

万葉集に詠われた植物を観察できる庭園。7世紀後半から8世紀はじめにあった銅銭の工房跡の遺跡もあります。

◎万葉おもしろ体験

万葉集が詠まれた時代の人々の生活についてインタビュー形式で対話できるゲームも楽しめます。

これも盛んです！ 金魚養殖、金魚すくい

　奈良県の北部に位置する大和郡山は「金魚のまち」として有名です。

　金魚は室町時代に中国から伝来し、大和郡山には1724年、柳澤吉里が甲斐国から持ちこんだのがはじまりとされます。金魚はかつては大変な高級魚でしたが、明治以後は庶民のあいだにも流行し、農家の副業として養殖が盛んに行なわれるようになりました。

　今でも大和郡山には多数の養殖池が見られ、国内有数の金魚生産量を誇ります。毎年4月上旬には金魚品評会と展示即売が、8月下旬には全国金魚すくい選手権大会が開かれ、全国から金魚ファンが訪れます。

古代だけじゃない！近代の奈良めぐり

古都の印象が強い奈良ですが、明治時代に建てられたハイカラな西洋建築や、和洋折衷のユニークな建築様式の建物など、オリエンタルな風情も楽しむことができます。

❀ 奈良女子大学記念館

1909年、奈良女子高等師範学校の本館として建設されました。木造寄棟造り2階建てで、木部を外にあらわすハーフティンバー形式や、屋根にある出窓と頂塔（ランタン）が特徴的です。

※2016年3月ごろまで改修工事中のため見学できません。

まだまだあるハイカラ建築物
- ❀ JR奈良旧駅舎
- ❀ 奈良少年刑務所
- ❀ 日本聖公会奈良基督教会

など

❀ 奈良ホテル

関西の迎賓館として1909年に開業した名門ホテル。本館は明治・大正時代を代表する建築家・辰野金吾の設計による桃山御殿風の総檜造り。内部には重厚感のあるシャンデリアや高い格天井、マントルピース（暖炉）などが残り、クラシックな優雅さが漂います。

奈良国立博物館 なら仏像館

「なら仏像館」とよばれる旧本館は、奈良ではじめての本格洋風建築として1894年に完成。設計は宮廷建築家として活躍した片山東熊。ネオ・バロック様式で、明治中期の欧風建築として代表的なものです。

※2016年3月ごろまで改修工事中のため見学できません。

奈良国立博物館 仏教美術資料研究センター

奈良の地場産商品を陳列するための展示会場として1902年に建築。京都の平等院鳳凰堂になぞらえたという建物は左右対称の優美な姿が印象的。窓の装飾に西洋建築の技術を取り入れるなど、オリエンタルな雰囲気も感じられます。

PART ❷ 奈良の文化を体感する　43

平城京より前の都はどこ？

　奈良の都というと平城京の印象が強いですが、それ以前にも数々の都が奈良県には存在しました。

　『日本書紀』によれば、初代天皇である神武天皇が即位した橿原宮は奈良県橿原市にあったとされ、今は橿原神宮という壮大な神社となっています。

　古墳時代は都はつくられませんでしたが、飛鳥時代になり、推古天皇が即位した豊浦宮、蘇我入鹿が暗殺された飛鳥板蓋宮などが、現在の明日香村内に営まれました。

　その後、都はしばらく奈良から離れ、孝徳天皇により難波長柄豊碕宮（大阪市）へ、中大兄皇子（天智天皇）により近江大津宮（滋賀県大津市）へとうつります。

　天智天皇の後継者争いである壬申の乱に勝った大海人皇子（天武天皇）によって都は再び奈良に戻り（飛鳥浄御原宮）、天武天皇の死後、皇后・持統天皇が日本初の本格的な都として藤原京（奈良県橿原市）を営みます。その16年後、ついに平城京への遷都となるのです。

PART 3

歴史ロマンの地を歩こう

聖徳太子ゆかりの里

斑鳩(いかるが)

聖徳太子とその一族が住んでいた斑鳩。法隆寺や中宮寺など、聖徳太子の歴史と、彼によって花開いた仏教文化にふれてみましょう。

のどかな田園風景が広がる斑鳩は、日本で最初に世界遺産に登録された法隆寺をはじめ、多数の国宝・重要文化財を有する地域です。聖徳太子の功績と、飛鳥時代の仏教美術の名品を見てまわりましょう。

法輪寺(ほうりんじ)

聖徳太子の病気が治ることを願い、子である山背大兄王が建立したと伝わる寺。飛鳥時代や平安時代の仏像を間近で見ることができます。国宝だった三重塔は落雷で焼失しましたが、1975年、当時の姿に再建されました。

藤ノ木古墳(ふじのきこふん)

聖徳太子が斑鳩にうつり住むより少し前、6世紀後半につくられた古墳。1988年の調査で被葬者の人骨のほか多数の副葬品が見つかり、未盗掘の古墳として話題になりました。発見された馬具や冠などの副葬品(国宝)のレプリカは、「斑鳩文化財センター」で見られます。

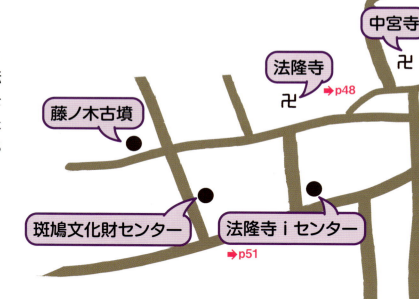

秋にはコスモスが咲き誇る

🌸 法起寺 世界遺産

聖徳太子の子である山背大兄王が、太子ゆかりの岡本宮を寺に改めたのがはじまり。高さ24メートルの三重塔（国宝）は、現存する三重塔としては日本最古のものです。

🌸 中宮寺

聖徳太子の母・穴穂部間人皇后の御願によって建てられたといわれる尼寺。太子の宮殿・斑鳩宮を中心に、法隆寺と対称となる位置に建てられました。本尊の菩薩半跏像（国宝）は「アルカイックスマイル」とよばれるほほえみをたたえた名仏。

「斑鳩」は鳥の名前からつけられた

斑鳩という名前は、昔、この近辺に「イカル」というスズメの仲間の鳥が多くすんでいたことにちなんでいるといわれています。

PART ❸ 歴史ロマンの地を歩こう　47

聖徳太子建立の巨大な寺院

法隆寺 【世界遺産】

聖徳太子と推古天皇により、7世紀はじめに建てられた寺。670年に焼失したもののほどなく再建され、以来、大きな災害に見まわれなかったために、7世紀の飛鳥文化を色濃く残しています。

広い境内は大きく東院伽藍と西院伽藍に分かれ、国宝と重要文化財を約190件、点数にして2300点あまりを保有します。

✴ 五重塔 【国宝】

世界最古の木造建築であり、日本に現存する最古の五重塔。高さは約34メートルあり、上に行くごとに軒の出方が小さくなり、安定感を感じさせます。初層（1階）内部にある塑像も見逃さないこと。

📷 みどころ 大宝蔵院

八頭身の姿が美しい百済観音像（国宝）を中心に、悪い夢をよい夢にかえてくれると信仰されている夢違観音像（国宝）、飛鳥時代のすぐれた工芸品・玉虫厨子など、多くの寺宝が見られます。

倒れない秘密は東京スカイツリー®にも応用！

およそ1400年、地震や暴風にたえてきた秘密は、塔の中心に通された「心柱」にあります。心柱は屋根につかないように立てられており、地震の揺れなどを吸収するしくみになっています。この構造は、東京スカイツリー®にも応用されました。

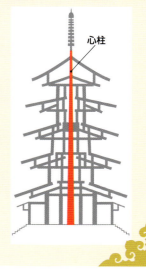

心柱

金堂 【国宝】

五重塔と並び、世界最古の木造建築。中央部が丸くふくらんだエンタシスの柱など、飛鳥時代の特徴を残します。美しい壁画でいろどられていましたが、1949年、壁画の大半が火災により焼失。これをきっかけに「文化財保護法」が制定されました。

この仏像に会える！
金銅釈迦三尊像 【国宝】

夢殿 【国宝】

東院伽藍の中心となる、八角円堂。聖徳太子の宮殿・斑鳩宮跡に、行信僧都が建てました。斑鳩宮にも夢殿とよばれる建物があり、聖徳太子が思索にふけり、仏のお告げを聞いたとされます。

この仏像に会える！
救世観音像 【国宝】
※春秋の特別開扉時のみ公開。

境内図／西院伽藍／大宝蔵院／大講堂／金堂／五重塔／中門／南大門／中宮寺／夢殿／東院伽藍

見学のめやす　1時間30分

PART ❸ 歴史ロマンの地を歩こう

聖徳太子ってどんな人?

用明天皇と穴穂部間人皇后のあいだに生まれ、20歳のとき、おばにあたる推古天皇の摂政に就任。蘇我馬子と協力して、豪族間の争いをなくし、天皇を中心とした国家づくりに奔走しました。かつては1万円札の肖像にもなりましたが、最近では聖徳太子は実在せず、複数の人間の功績をまとめた架空の存在ではないかといわれるなど、謎に包まれた人物でもあります。

聖徳太子が行なった主な政策

* **十七条の憲法**……「和をもって貴しとなす」など、役人や豪族が守るべき心構えを示しました。
* **冠位十二階**……家柄ではなく、能力によって役人を評価するシステムで、冠の色によって位を区別しました。
* **遣隋使の派遣**……隋(現在の中国)のすぐれた政治や文化を学ぶために使節を派遣。これまでと異なり、対等外交を旨としました。

聖徳太子が通った太子道

推古天皇や蘇我馬子とともに飛鳥で政治を行なっていたさなかに、聖徳太子は斑鳩に住まいをうつし、約23キロの道のりを馬に乗って通いました。その道が今も「太子道」として伝わっています。

法隆寺の七不思議

法隆寺には、昔から言い伝えられてきた七不思議があります。それだけ法隆寺が信仰されてきたあかしともいえます。

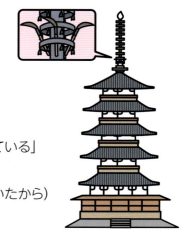

- **その1** 「伽藍にクモは巣をつくらず、スズメもフンをかけない」
- **その2** 「地面に雨だれの穴があかない」
- **その3** 「大雨でも南大門の鯛石より水位はあがらない」
- **その4** 「3つの伏蔵(地下の蔵)があり、万一のための再建費用が隠されている」
- **その5** 「因可池のカエルには片目がない」
(聖徳太子が勉強をしているとき、鳴き声がうるさいので片目をついたから)
- **その6** 「五重塔の九輪には鎌が4本刺さっている」
(落雷除けといわれ、鎌が上向きに見えたら豊作、下向きなら凶作といわれます)
- **その7** 「夢殿の礼盤(僧侶が座る台)の裏が汗をかく」

法隆寺を守る宮大工の技

＊歴史ある木造建築を守る宮大工

宮大工とは、神社仏閣などの建築や修理を専門にしている大工さんです。何百年と残る建物を建てるための高度な技術を代々受け継ぎ、大阪の四天王寺を建てたとされる「金剛組」は、聖徳太子に百済から招かれて以来、1400年の伝統を誇っています。

宮大工として有名な一人が、故・西岡常一さんです。戦中・戦後の20年間にわたる法隆寺の大修理や、法輪寺の三重塔の再建、薬師寺の伽藍復興などを手がけました。

法隆寺 i センター

法隆寺参道にある観光案内所。ここでは、「西岡常一の世界」と題したコーナーが設けられ、宮大工の道具や技術の紹介をはじめ、西岡さんの足跡などが学べます。

＊クギを使わずに建てる

法隆寺をはじめ、宮大工が建てたとされる歴史的な建造物には、ほとんどクギが使われていません。クギで打ちつけるかわりに、木同士をはめこむようにしてつくります。

また、飛鳥の宮大工は木の性質をよく見極めていたと西岡さんは言います。その木が山の斜面に植わっていたのか、頂上付近にあったのかなど、生育条件を考慮して、どこに使うのが最適かを判断したのです。

古代の"謎"をめぐる
飛鳥(あすか)

石舞台(いしぶたい)や高松塚(たかまつづか)などのメジャーな古墳(こ ふん)や、亀石(かめいし)、酒船石(さかふねいし)などの謎(なぞ)の石造物がのどかな田園地帯に点在する地域(ちいき)です。

飛鳥(あすか)は、592年に豊浦宮(とゆらのみや)がつくられてから、694年に都が藤原京(ふじわらきょう)にうつるまでの約100年間、政治と文化の中心となった地域(ちいき)です。古墳(こふん)や巨石(きょせき)に、古代日本の香(かお)りを感じましょう。

- 飛鳥資料館
- 飛鳥寺
- 奈良県立万葉文化館
- 亀形石造物
- 酒船石
- 伝飛鳥板蓋宮跡
- 橘寺
- 猿石
- 鬼の俎
- 亀石
- 鬼の雪隠
- 近鉄飛鳥駅
- 石舞台古墳 →p55
- 高松塚古墳 →p55

謎の石造物を見てまわろう

亀石

✱ 亀石
長さ約4メートル、幅約2メートル、高さ約2メートルの、亀に似た巨大な石。亀が西を向くと大洪水になるという伝説が！

✱ 猿石
吉備姫王の墓の敷地内にある4体の石像で、うち3体は裏側にも顔があります。奇妙な顔なので「猿」といわれていますが、正体は不明。

✱ 鬼の俎・鬼の雪隠
平たい長方形の石と、真ん中がくぼんだ仕切り板のような岩を、それぞれ鬼が使った「まな板」と「トイレ」に見立てています。

✱ 亀形石造物
2000年に発見された、亀をかたどった石造物で、導水施設の一部ではないかといわれています。

✱ 酒船石
長さ5.5メートルの長方形の石の上面に、円形や溝が彫られています。お酒の醸造に使ったのではないかと考えられ、「酒船石」とよばれます。

酒船石

日本で最初のお寺
飛鳥寺

6世紀末、日本に伝わった仏教を広めるため、蘇我馬子が建立した日本で最初の本格寺院。本尊は鞍作止利がつくったもので、「飛鳥大仏」とよばれ、親しまれています。

やってみよう 自転車に乗って、飛鳥を駆け抜けよう

飛鳥エリアの遺跡は広い範囲に点在しているので、歩いてではすべてを見てまわるのはむずかしい。レンタサイクルを利用するのがおすすめ。

PART ❸ 歴史ロマンの地を歩こう

いろいろな古墳

古墳は、天皇や豪族など身分の高い人の墓で、3世紀ごろから7世紀ごろまで、日本各地でつくられました。棺をおさめる石室を中心に土を盛ったもので、権力の程度により、大きさや形もさまざまです。

＊ 円墳

上から見ると円形をしており、日本各地でもっとも多く見られます。

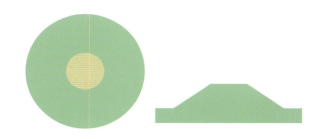

代表的な古墳
キトラ古墳／高松塚古墳

＊ 前方後円墳

円形の部分に死者をまつり、その前方に四角（台形）の部分がつく、古墳時代を代表する形です。

代表的な古墳
箸墓古墳

＊ 方墳

上から見ると四角の形をした古墳。古墳時代全般を通してつくられました。

＊ 前方後方墳

前方後円墳の後円部が四角になったもの。東海地方に多いです。

ピラミッド形古墳の発見

石舞台古墳のそばにある「都塚古墳」は、明日香村で石室内におさめられた石棺が見られる唯一の古墳でした。2014年の調査で、石を階段状に積み上げためずらしいピラミッド形の方墳であったことがわかり、話題を集めました。

巨大な石がむき出しの古墳

 石舞台古墳

蘇我馬子の墓と伝わり、使われた石の総重量は2300トンという巨大さ。覆っていた土がすべて流され、石組みがむき出しになったと考えられています。

美しい壁画で有名

 高松塚古墳

1972年の発見当時、極彩色の壁画（国宝）が発見されたことで話題を集めた古墳。7世紀末から8世紀初頭につくられたものですが、埋葬者はいまだに特定されていません。

みどころ **高松塚壁画館**

壁画は現在修復中ですが、隣接する「高松塚壁画館」で、発見当時の状態の壁画の精巧な複写を見ることができます。

買い物 飛鳥人も食べた「蘇」を味わおう

飛鳥時代の珍味とされる「蘇」。牛乳を煮詰めてつくられ、チーズの一種と考えられています。現代風に再現されたお菓子がおみやげにもなっています。

一面の桜が美しい！
吉野(よしの)

ひと目で千本見渡(みわた)せるといわれるほど、春には山一面に桜が咲き誇る吉野山(よしのやま)。山全体が世界遺産(せかいいさん)であり、点在する社寺も見逃(みの)せません。

桜は修験道(しゅげんどう)のご本尊(ほんぞん)・金剛蔵王権現(こんごうざおうごんげん)の神木であることから信者たちが寄進(きしん)してその数を増やし、現在約200種、3万本になるといわれます。標高の低いほうから「下千本(しもせんぼん)」「中千本(なかせんぼん)」「上千本(かみせんぼん)」「奥千本(おくせんぼん)」とよび分け、麓(ふもと)から順に開花していくので、桜を長く楽しめます。

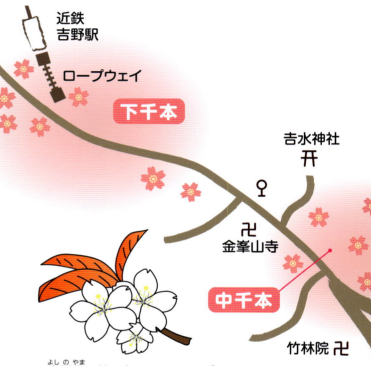

吉野山(よしのやま)の桜の多くはシロヤマザクラという品種で、開花と同時に赤茶色の若葉(わかば)も出てくるのが特徴(とくちょう)。

＊下千本(しもせんぼん)
近鉄吉野駅(きんてつよしの)周辺から金峯山寺(きんぷせんじ)あたりまで。曲がりくねった「七曲がり」の道が人気です。

吉野山(よしのやま)の中心となる修験道(しゅげんどう)の総本山
金峯山寺(きんぷせんじ) 　世界遺産

約1300年前、役行者(えんのぎょうじゃ)が開いたとされる修験道(しゅげんどう)の根本(こんぽん)道場。本堂の蔵王堂(ざおうどう)は木造古建築としては東大寺大仏殿(とうだいじだいぶつでん)につぐ大きさを誇(ほこ)り、堂内の巨大(きょだい)な秘仏(ひぶつ)・金剛蔵王権現(こんごうざおうごんげん)は特別開扉(かいひ)時のみ公開されます。

国宝

✤ 中千本

金峯山寺から竹林院あたりまで。お店が多く連なるので買い物や休憩も楽しめます。

南朝の御所ともなった古社
✤ 吉水神社 世界遺産

元は吉野修験宗の僧坊だった神社。源義経と静御前が身を隠したというエピソードや、後醍醐天皇が南朝の仮の御所にしたという歴史も残ります。

📷 **千本桜を一望できる 花矢倉展望台**

上千本から下千本までを見渡せる絶景の展望台は、忘れずにのぼりたいところ。

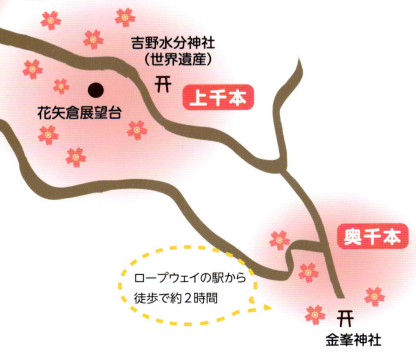

✤ 上千本〜奥千本

竹林院から金峯神社（世界遺産）あたりまで。道の両側にも、眼下にも、桜が広がります。

PART ❸ 歴史ロマンの地を歩こう　57

季節ごとの奈良の楽しみ方

春　3〜5月

修二会（お水取り）
3月1〜14日／東大寺二月堂

二月堂の本尊である十一面観世音菩薩に人々の罪を懺悔し、国家安泰を祈る法要。観音さまにお供えする「お香水」をくむとき、長さ7メートルもある大きな松明を持って堂をまわるため、「お水取り」「お松明」ともよばれます。1260年以上、一度も絶えることなく受け継がれ、お水取りが終わると春が来る、と親しまれる大切な行事です。

薪御能
5月第3金曜・土曜／興福寺・春日大社

869年、興福寺修二会で薪猿楽が舞われたのがはじまりとされ、薪能といえば興福寺南大門前の芝生で演じるものを指したといわれる伝統の行事です。

うちわまき
5月19日／唐招提寺

唐招提寺中興の祖とされる覚盛の高徳をしのび、法要ののち、ハート形のうちわが鼓楼から参拝者にまかれます。うちわには病魔退散や魔除けのご利益があるとされます。

★吉野山の桜、室生寺のしゃくなげ、長谷寺のぼたん、春日大社の藤などがはなやかに咲き誇ります。春の特別公開を行なうところもあるので、要チェックです。

夏　6〜8月

鑑真和上坐像特別開扉
6月上旬の3日間／唐招提寺

日本最古の肖像彫刻とされる鑑真和上坐像（国宝）をおさめる御影堂の厨子の扉が特別に開かれます。機会が合えば、ぜひ。
※特別拝観料：小学生200円、中高生300円、大人500円

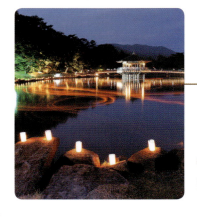

ライトアッププロムナード・なら
7月中旬〜9月下旬

東大寺、興福寺、平城宮跡、薬師寺など、世界遺産や歴史的建造物が美しくライトアップされます。

大仏御身拭
8月7日／東大寺大仏殿

白装束にわらぞうりの僧侶120人ほどが、大仏さまと大仏殿を拭き清める年に一度の行事です。

秋　9〜11月

❀ 鹿の角きり

10月上旬〜中旬の3日間／春日大社境内「鹿苑」

江戸時代から続く、奈良の秋の代表的行事。成人した雄鹿が、人や仲間を傷つけないよう、春日大社の神官によって角をきり落とされます。
※観覧料：小学生500円、中学生以上1000円

❀ 正倉院展

10月下旬〜11月中旬／奈良国立博物館

シルクロードの終着点といわれる正倉院には、古文書をはじめ、服飾品、調度品、楽器など、9000点を超える宝物が収蔵されています。ふだんは見ることができない宝物の一部が、毎年秋に「正倉院展」として奈良国立博物館で公開されます。

冬　12〜2月

❀ 若草山焼き

1月第4土曜

奈良市内を一望できる、標高342メートルの若草山。約200発の打ち上げ花火が上がったあと、33ヘクタールの草地に一気に火が入れられます。夜空を赤く染め上げ、奈良に早春の訪れを告げる一大行事です。

❀ 節分

2月3日

東大寺二月堂	古いお札を焼く「還宮」のあと、二月堂の舞台の上から豆がまかれます。
興福寺	6匹の鬼を追い払ったのち、大黒さまが訪れて福をもたらす「追儺会」が行なわれます。
春日大社	境内にある3000基にもなる灯籠すべてに火がともされる「節分万燈籠」では、幻想的な光景が広がります。

奈良の交通

限られた時間でできるだけたくさんまわるには、交通手段を理解することが大切です。

どんな手段があるの？

鉄道

奈良を走る鉄道にはJRと近鉄（近畿日本鉄道）がありますが、JRはエリアも本数も限られているので、おおむね近鉄を中心に考えるとよいでしょう。

バス

奈良市内とその周辺部は、奈良交通バスがほぼ網羅していて便利ですが、春秋の観光シーズンは渋滞で時間がかかるので要注意！

お得な乗り方は？

奈良公園・西の京
世界遺産 1-Day Pass
大人 500 円、小児 250 円

近鉄奈良駅から興福寺、東大寺、春日大社、ならまちなどの奈良公園エリアのほか、平城宮跡や唐招提寺など西の京エリアの路線バスが1日乗り放題となります。

奈良公園・西の京・法隆寺
世界遺産 1-Day Pass Wide
大人 1000 円、小児 500 円

奈良公園エリア、西の京エリアに加え、法隆寺エリアの路線バスが1日乗り放題となります。

ぐるっとバス

土日祝日を中心に、東大寺（大仏殿）、二月堂、春日大社、ならまち、平城宮跡などを循環していて、便利。「奈良公園ルート」「平城宮跡・ならまちルート」の2ルートあり、1乗車 100 円（小学生以上）。観光シーズンには平日も運行します。

バスの乗り降りの仕方

均一運賃のバスについては、前ドアから乗るときに運賃を払い、後ろ（中央）ドアから降車します。それ以外のバスは、後ろ（中央）ドアから乗って前ドアから降ります。乗車の際に忘れずに整理券を取り、その番号にしたがって、降車時に運賃を払います。

運賃箱はおつりが出ず、1000 円以下しか両替できないので、乗る前に小銭か回数券を用意しておきましょう。

参拝のマナー

神社やお寺にお参りするときの
正しい作法を知っておきましょう。

身を清める

❶ 右手でひしゃくを持ち、左手に水をかける。

❷ ひしゃくを持ちかえ、右手に水をかける。

❸ 再びひしゃくを右手に持ちかえ、左手で水を受けて口をすすぐ。

❹ 左手をすすぎ、ひしゃくを立てて柄を清める。

神社にお参りする

❶ おさい銭をおさめ、鈴を鳴らしたら、深く二度、おじぎをする。

❷ 指先を少しずらし、手を2回打つ。

❸ お祈りをしたら、深く一礼する。

お寺にお参りする

❶ 香や線香を焚く場所があれば焚く。

❷ おさい銭をおさめ、ご本尊に対して一礼し、手を合わせる。

手は打たないこと！

拝観時間や休み、価格等は変更になる場合があります。また、社寺の行事等によって拝観できないことがあります。

	名称	所在地	電話	時間	休み	拝観料・入館料等	掲載ページ
あ	飛鳥寺	奈良県高市郡明日香村飛鳥682	0744-54-2126	9:00～17:15(閉門17:30)、10～3月は16:45まで(閉門17:00)	4月7～9日	小学生200円、中高生250円、大人350円	53
あ	斑鳩文化財センター	奈良県生駒郡斑鳩町法隆寺西1-11-14	0745-70-1200	9:00～17:00 (入館は16:30まで)	水曜(祝日、特別展開催中は無休)、年末年始	なし(特別展は別途)	46
あ	池田含香堂	奈良市角振町16	0742-22-3690	9:00～19:00 (体験は9:30～15:00)	9～3月の月曜、年始	体験1500円 ※1週間前までに要予約	37
あ	石舞台古墳	奈良県高市郡明日香村島庄	0744-54-4577(明日香村地域振興公社)	8:30～17:00 (受付は16:45まで)	なし	小学生100円、中学生150円、高校生200円、一般250円	55
あ	今西家書院	奈良市福智院町24-3	0742-23-2256	10:00～16:00 (受付は15:30まで)	月曜、夏期・冬期イベント開催時	小学生～大学生300円、一般350円	33
か	春日大社	奈良市春日野町160	0742-22-7788	4～9月 6:00～18:00、10～3月 6:30～17:00 (本殿前特別参拝8:30～16:45) ※夫婦大國社、宝物殿、萬葉植物園は別途	なし、萬葉植物園は12～2月の月曜	本殿前特別参拝 500円、萬葉植物園 小人250円、大人500円	22
か	元興寺	奈良市中院町11	0742-23-1377	9:00～17:00 (受付は16:30まで)	なし	小学生100円、中高生300円、大人400円	29
か	きてみてならSHOP	奈良市登大路町38-1 奈良県商工観光館1階	0742-26-8828	10:00～18:00	月曜(祝日の場合は翌日)	なし	37
か	金峯山寺	奈良県吉野郡吉野町吉野山2500	0746-32-8371	8:30～16:30 (受付は16:00まで)	なし	小学生300円、中高生400円、大人500円	56
か	興福寺	奈良市登大路町48	0742-22-7755 (9:00～17:00)	東金堂・国宝館 9:00～17:00 (入館は16:45まで)	なし	東金堂 小学生100円、中高生200円、大人300円 国宝館 小学生200円、中高生500円、大人600円(東金堂と国宝館の共通券あり)	24
か	古梅園	奈良市椿井町7	0742-23-2965	9:00～17:00 (体験は10:30～14:00)	土曜、日曜、祝日(体験は11月～4月中旬のみ)	4320円～(墨の種類によって異なる)	36
さ	茶房 暖暖	奈良市西新屋町43 奈良オリエント館内	0742-24-9081	10:00～17:00 (季節により変動あり)	月曜(祝日は営業)	なし	39
さ	十輪院	奈良市十輪院町27	0742-26-6635	9:00～16:30	月曜(祝日の場合は翌日)	小学生200円、中学生300円、高校生以上400円	33
た	高松塚壁画館	奈良県高市郡明日香村大字平田439	0744-54-3340	9:00～17:00 (入館は16:30まで)	12月29日～1月3日	小中学生70円、高校・大学生130円、大人250円	55
た	中宮寺	奈良県生駒郡斑鳩町法隆寺北1-1-2	0745-75-2106	9:00～16:30 (10月1日～3月20日は16:00まで)	なし	小学生250円、中学生400円、大人500円	47
た	唐招提寺	奈良市五条町13-46	0742-33-7900	8:30～17:00 (受付は16:30まで)	なし	小学生200円、中高生400円、大人600円	28
た	東大寺	奈良市雑司町406-1	0742-22-5511	11～2月 8:00～16:30、3月 8:00～17:00、4～9月 7:30～17:30、10月 7:30～17:00	なし	大仏殿・法華堂・戒壇堂(お堂ごと) 小学生300円、中学生以上500円	10
た	東大寺ミュージアム	奈良市水門町100	0742-20-5511	9:30～大仏殿閉門時間 (入館はその30分前まで)	なし	小学生300円、中学生以上500円(東大寺との共通割引券あり)	17

※上記のデータは2014年11月現在のものです。価格は税込です。 ※特別展・特別公開時は拝観料等が異なることがあります。

	名称	所在地	電話	時間	休み	拝観料・入館料等	掲載ページ
な	奈良県立万葉文化館	奈良県高市郡明日香村飛鳥10	0744-54-1850	10:00～17:30（入館は17:00まで）	月曜（祝日の場合は翌平日）、年末年始、展示替期間	小中学生300円、高校・大学生500円（特別展は別料金）※減免制度あり	41
	奈良国立博物館なら仏像館	奈良市登大路町50	050-5542-8600（奈良国立博物館）	9:30～17:00（入館は16:30まで）※2016年3月ごろまで改修工事のため見学不可。	月曜（祝日の場合は翌日）、1月1日	高校生以下無料、大学生260円、一般520円（特別展は別料金）	43
	奈良国立博物館仏教美術資料研究センター	奈良市登大路町50	050-5542-8600（奈良国立博物館）	9:30～16:30	水曜・金曜のみ公開	なし	43
	奈良市史料保存館	奈良市脇戸町1-1	0742-27-0169	9:30～17:00	月曜（祝日の場合は翌平日）、祝日の翌日（土・日曜を除く）、12月29日～1月3日	なし	32
	奈良女子大学記念館	奈良市北魚屋東町	0742-20-3220（奈良女子大学）	9:00～17:00（外観の見学は守衛室に申し出てから）※春（4月下旬～5月上旬ごろ）と秋（10月下旬～11月上旬ごろ）に内部公開あり。※2016年3月ごろまで改修工事のため見学不可。	土曜、日曜、祝日、夏期休業期間、年末年始	なし	42
	ならまち格子の家	奈良市元興寺町44	0742-23-4820	9:00～17:00	月曜（祝日の場合は翌日）、祝日の翌日（土・日曜除く）、12月26日～1月5日	なし	34
	奈良町資料館	奈良市西新屋町14-2	0742-22-5509	10:00～16:00	なし	なし	33
は	平城宮跡	奈良市佐紀町	0742-30-6753（奈良文化財研究所）	9:00～16:30（入場は16:00まで）	月曜（祝日の場合は翌日）、年末年始	なし	26
	平城京歴史館	奈良市二条大路南4-6-1	0742-35-8201	9:00～16:30（入館は16:00まで）	月曜（祝日の場合は翌平日）、年末年始	小中学生200円、高校・大学生250円、一般500円	27
	法起寺	奈良県生駒郡斑鳩町大字岡本1873	0745-75-5559	8:30～17:00（11月4日～2月21日は16:30まで）	なし	300円	47
	法隆寺	奈良県生駒郡斑鳩町法隆寺山内1-1	0745-75-2555	2月22日～11月3日 8:00～17:00、11月4日～2月21日 8:00～16:30	なし	小学生750円、大人1500円（2015年1月より）	48
	法隆寺iセンター	奈良県生駒郡斑鳩町法隆寺1-8-25	0745-74-6800	8:30～18:00	なし	なし	51
	法輪寺	奈良県生駒郡斑鳩町三井1570	0745-75-2686	8:00～17:00（12～2月は16:30まで）	なし	小学生200円、中高生400円、大人500円	46
ま	三輪そうめん山本麺ゆう館	奈良県桜井市箸中878	0744-44-2001	9:00～17:00（体験は9月1日～6月30日までの10:00～15:00）	資料館 年末年始、体験 月曜・年末年始・ゴールデンウイーク	なし、体験1080円※1週間前までに要予約（別途料金にて乾燥・裁断・発送可）	38
や	薬師寺	奈良市西ノ京町457	0742-33-6001	8:30～17:00（受付は16:30まで）	なし	小学生200円、中高生400円、大人500円	29
	吉水神社	奈良県吉野郡吉野町吉野山579	0746-32-3024	9:00～17:00	なし	小学生200円、中学・高校生300円、大人400円	57

- ❖ イラスト　ホンマヨウヘイ
- ❖ 写真撮影　森川諒一
- ❖ 写真協力　飛鳥園（興福寺、唐招提寺）、飛鳥京観光協会、明日香村教育委員会、斑鳩町教育委員会、
  今西家書院、春日大社、金峯山寺、宮内庁正倉院事務所、古都飛鳥保存財団、茶房 暖暖、
  東大寺、奈良県産業振興総合センター、奈良県ビジターズビューロー、奈良県立万葉文化館、
  奈良公園事務所、奈良国立博物館、奈良市観光協会、奈良市教育委員会、奈良市総合財団、
  奈良女子大学、奈良の鹿愛護会、奈良ホテル、奈良町資料館、平城京歴史館、便利堂（法隆寺）、
  法隆寺iセンター、三輪そうめん山本、矢野建彦、吉野山観光協会、吉水神社
  50音順
- ❖ 装　　幀　尾﨑篤史（株式会社ワード）
- ❖ 編集協力　株式会社ワード

よくわかる修学旅行ガイド 奈良
世界遺産と国宝をめぐる

2015年3月10日　第1版第1刷発行
2019年9月27日　第1版第4刷発行

編　者　PHP研究所
発行者　後藤淳一
発行所　株式会社PHP研究所
　　　　東京本部　〒135-8137　江東区豊洲5-6-52
　　　　　　　　　児童書出版部　TEL 03-3520-9635（編集）
　　　　　　　　　普及部　TEL 03-3520-9630（販売）
　　　　京都本部　〒601-8411　京都市南区西九条北ノ内町11
　　　　PHP INTERFACE　https://www.php.co.jp/
印刷所
製本所　図書印刷株式会社

Ⓒ PHP Institute, Inc. 2015 Printed in Japan　　ISBN978-4-569-78447-2
※本書の無断複製（コピー・スキャン・デジタル化等）は著作権法で認められた場合を除き、禁じられています。また、本書を代行業者等に依頼してスキャンやデジタル化することは、いかなる場合でも認められておりません。
※落丁・乱丁本の場合は弊社制作管理部（☎03-3520-9626）へご連絡下さい。送料弊社負担にてお取り替えいたします。
63P 29cm NDC374

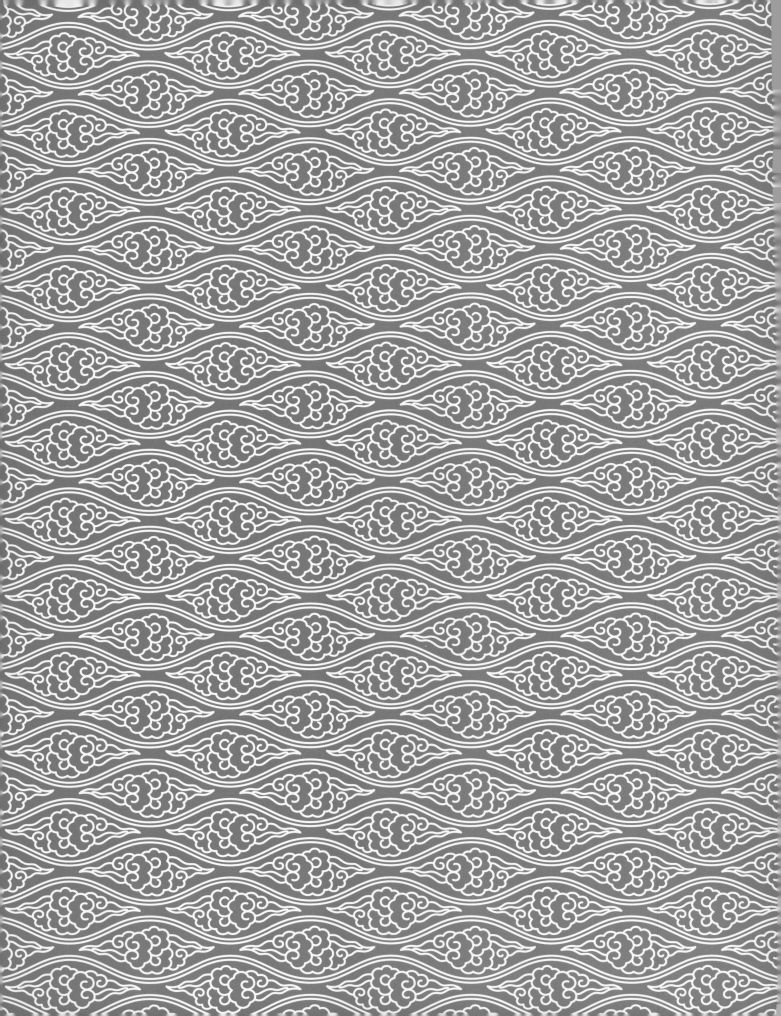